Pequeñas Estrellas

Los ciclistas
de las pequeñas estrellas

Un libro de El Semillero de Crabtree

Taylor Farley y Pablo de la Vega

CRABTREE
PUBLISHING COMPANY
WWW.CRABTREEBOOKS.COM

¡Mira mi bicicleta!

Es una bicicleta **BMX**.

La gente usa las bicicletas BMX para hacer **trucos**.

Este truco es conocido como **manual**.

Este truco es llamado **invertido**.

Los niños grandes usan las estacas para hacer *grinds*.

Uso un casco.

Monto la bici en la pista de *skate*.

Me gusta usar las rampas.

Un día, quiero jugar en los **X-Games**.

Glosario

BMX: BMX es una abreviatura en inglés para las bicicletas todo terreno. Las bicicletas BMX son bicicletas deportivas para el campo que se usan en competencias y para hacer acrobacias.

grinds: Los *grinds* se hacen usando las estacas para bicicleta y así deslizarse sobre barandales de metal o plataformas de concreto.

invertido: Es un truco en el que el conductor usa el freno delantero para balancear la bicicleta en la rueda delantera.

manual: El manual es un truco en el que el conductor se desplaza balanceándose en la rueda trasera.

trucos: Los trucos son acrobacias hechas en la bicicleta que requieren de práctica y habilidades.

X-Games: Los X-Games son un espectáculo de deportes extremos que se realiza una vez al año y es transmitido por televisión.

Índice analítico

estacas: 12
grinds: 12
invertido: 10

manual: 9
pista de *skate*: 17
truco(s): 7, 9, 10

Apoyos de la escuela a los hogares para cuidadores y maestros

Los libros de El Semillero de Crabtree ayudan a los niños a crecer al permitirles practicar la lectura. Las siguientes son algunas preguntas de guía que ayudan a los lectores a construir sus habilidades de comprensión. Algunas posibles respuestas están incluidas.

Antes de leer:
- **¿De qué piensas que tratará este libro?** Pienso que este libro nos enseñará trucos para la bicicleta, como el de la fotografía de la tapa. Me pregunto cómo será una bicicleta BMX.
- **¿Qué quiero aprender sobre este tema?** Quiero aprender los trucos que un ciclista puede hacer en una bicicleta BMX.

Durante la lectura:
- **Me pregunto por qué...** Me pregunto por qué el ciclista de la página 6 usa un gorro de béisbol en lugar de un casco.
- **¿Qué he aprendido hasta ahora?** Aprendí trucos para bicicletas BMX como el manual, el invertido y los grinds. A veces, ¡parece que la bicicleta y el ciclista vuelan en el aire!

Después de leer:
- **¿Qué detalles aprendí de este tema?** Aprendí que los ciclistas de BMX practican en pistas de skate. Hacen trucos en rampas.
- **Lee el libro de nuevo y busca las palabras del vocabulario.** Veo la palabra *manual* en la página 9 la palabra *X-Games* en la página 20. Las otras palabras del vocabulario están en las páginas 22 y 23.

Library and Archives Canada Cataloguing in Publication

Title: Los ciclistas de las pequeñas estrellas / Taylor Farley y Pablo de la Vega.
Other titles: Little stars BMX bikes. Spanish
Names: Farley, Taylor, author. | Vega, Pablo de la, translator.
Description: Series statement: Pequeñas estrellas | Translation of: Little stars BMX bikes. |
 Translated by Pablo de la Vega. | "Un libro de el semillero de Crabtree". |
 Includes index. |
 Text in Spanish.
Identifiers: Canadiana (print) 20210096225 | Canadiana (ebook) 20210096233 | ISBN 9781427131584
 (hardcover) | ISBN 9781427131768 (softcover) | ISBN 9781427131935
 (HTML) | ISBN 9781427136169
 (read-along ebook)
Subjects: LCSH: Bicycle motocross—Juvenile literature. | LCSH: BMX bikes—
 Juvenile literature.
Classification: LCC GV1049.3 .F3718 2021 | DDC j796.6/22—dc23

Library of Congress Cataloging-in-Publication Data

CIP available at the Library of Congress

Crabtree Publishing Company
www.crabtreebooks.com   1-800-387-7650

Written by Taylor Farley
Production coordinator and Prepress technician: Samara Parent
Print coordinator: Katherine Berti
Translation to Spanish: Pablo de la Vega
Edition in Spanish: Base Tres

Print book version produced jointly with Blue Door Education in 2021

Printed in the U.S.A./022021/CG20201215

Content produced and published by Blue Door Publishing LLC dba Blue Door Education, Melbourne Beach FL USA. Copyright Blue Door Publishing LLC. All rights reserved. No part of this book may be reproduced or utilized in any form or by any means, electronic or mechanical including photocopying, recording, or by any information storage and retrieval system without permission in writing from the publisher.

Photo credits: Cover and pages 8, 11, and 14 © Marcel Jancovic; pages 3 and 5 © Yury and Tanya, page 6 © Christian Bertrand, page 13 © homydesign; page 16 and 17 © Nitikorn Poonsiri; page 20 little girl © Purino, X-Games photo © Haslam Photography, x-games banner © RoidRanger All photos from Shutterstock.com except page 19 © Anatoliy Karlyuk | Dreamstime.com

Published in Canada
Crabtree Publishing
616 Welland Ave.
St. Catharines, Ontario
L2M 5V6

Published in the United States
Crabtree Publishing
347 Fifth Ave.
Suite 1402-145
New York, NY 10016

Published in the United Kingdom
Crabtree Publishing
Maritime House
Basin Road North, Hove
BN41 1WR

Published in Australia
Crabtree Publishing
Unit 3 – 5 Currumbin Court
Capalaba
QLD 4157